# RACCOLT RICETTE ADATTE IN SVEZZAMENTO E PER TUTTA LA FAMIGLIA

Per vedere tante altre ricette adatte in svezzamento e per tutta la famiglia seguimi su:

 Instagram **baby.ricette.di.anna**

Facebook **BabyRicette**

Youtube **BabyRicettediAnna**

Tiktok **babyricette**

# SVEZZAMENTO

## QUANDO INIZIARE?

Di solito intorno ai 6 mesi, i bambini sono pronti ad integrare cibi solidi e semisolidi. Non esiste un vero e proprio momento giusto per lo svezzamento, ma cambia da bambino a bambino.
Tuttavia esistono dei segnali che possono aiutare i genitori a capire se il bambino è pronto.

## 5 SEGNALI PER CAPIRE SE IL BAMBINO E' PRONTO

- Sa stare seduto da solo
- Tiene la testa dritta
- Ha perso il riflesso di estrusione
- Ha sviluppato la coordinazione occhi-mano-bocca
- Manifesta interesse per il cibo

# INTRODUZIONE ALIMENTI

## NON ESISTONO PIU' CRONOINSERIMENTI

Oggi sappiamo che il momento di introduzione degli alimenti, durante lo svezzamento, non influenza il rischio del bambino di sviluppare allergie.

Quindi si possono introdurre tutti gli alimenti fin da subito, senza più rispettare i famosi cronoinserimenti.

Unica "regola": il bambino deve abituarsi ai nuovi cibi, quindi diventa importante introdurre un alimento alla volta per verificare meglio la risposta del piccolo, sia riguardo al gusto che ad eventuali allergie o intolleranze.

# INTRODUZIONE CIBI SOLIDI

Partendo dal presupposto che non esiste un metodo migliore per introdurre cibi solidi durante lo svezzamento quindi che si tratti di svezzamento classico o autosvezzamento è indifferente. Ogni famiglia sceglierà ciò che farà vivere il momento del pasto con gioia e serenità, soprattutto senza ansie.

Detto ciò è comunque importante iniziare a proporre consistenze più solide entro i 10 mesi e non oltre i 12.

È molto importante allenare la masticazione dei bambini e consentire un corretto sviluppo della muscolatura del viso, strettamente correlato, anche, allo sviluppo del linguaggio.

In più un bambino abituato a mangiare semiliquido per molto tempo farà più fatica ad accettare un'alimentazione differente.

Per l'introduzione di cibi solidi, e non solo, è importantissimo seguire un corso sulle manovre di disostruzione pediatrica e sui tagli sicuri degli alimenti.

# GAG REFLEX

Capita molto spesso, ad inizio svezzamento, che il bambino abbia dei conati che danno l'impressione ai genitori che il piccolo stia soffocando. In realtà si tratta del gag reflex, un riflesso antisoffocamento che nei lattanti si attiva più facilmente che negli adulti.
Più il bambino crescerà e farà pratica con cibo a pezzetti più questo riflesso sarà meno accentuato.
Ma come gestirlo?
Prima di tutto bisogna imparare a riconoscerlo senza spaventarsi.
Non mettere mai le dita in bocca al bambino per togliere il cibo, ciò è pericoloso (sempre) perché potrebbe spingerlo ancora più in fondo.
Proporre sempre tagli di cibo sicuri.
Se l'episodio è ben gestito dai genitori, il bambino continuerà a mangiare come se niente fosse successo.

# CIBI DA EVITARE

- Zucchero (almeno fino ai 2 anni). Per non abituare il bimbo a consumare cibi dolci ed evitare effetti negativi dati dal suo consumo eccessivo

- Miele. Il suo consumo in minori di 1 anno viene associato al botulino infantile

- Sale. I reni di un bambino non sono ancora del tutto sviluppati quindi non in grado di smaltire troppo sodio. Dopo i 12 mesi si può iniziare con un pizzico

- Latte vaccino. Da introdurre solo dopo i 12 mesi, ma prima può essere usato nelle preparazioni

- Pesce e carne cruda

- Frutti di mare. Che possono essere facilmente contaminati.

- Caffè, alcolici e bevande zuccherate

# CIBI PERICOLOSI

Una delle paure più comuni nei genitori che osservano il loro bambino alle prese con il cibo è quella che possa soffocare. Non bisogna avere paura perché se il piccolo non è pronto a gestire un determinato cibo tenderà a sputarlo. Certo è MOLTO IMPORTANTE non lasciarlo solo durante i pasti e che, almeno all'inizio, si evitino alcuni alimenti come:

- Frutta secca a guscio intera (noci, mandorle...), fino ai cinque anni va proposta finemente sminuzzata o in crema
- Cibi molto duri come fette di mela o carote crude
- Cibi gelatinosi come wurstel o caramelle
- Cibi appiccicosi come pane morbido o prosciutto crudo in pezzi molto grossi
- Cibi scivolosi come melone, avocado o banana molto matura in pezzi molto grossi

In questo piccolo ricettario troverete piatti facili da realizzare adatti in svezzamento e perfetti per tutta la famiglia.

Ricette semplici, con ingredienti altrettanto semplici, che spero vi aiutino in questo percorso di svezzamento.

In tutte le ricette ho omesso il sale come ingrediente che basterà aggiungere una volta tolta la porzione del bimbo/a.

Sopra i 12 mesi si può comunque iniziare a metterne un pochino anche per loro.

**IMPORTANTE** Offrite sempre cibo ai vostri bimbi nei formati e tagli adatti alla loro età e alle loro capacità acquisite.

# SUDDIVISIONE PASTI SETTIMANALE

## CARNE
3 volte a settimana

## PESCE
2-3 volte a settimana

## UOVA
1-2 volte a settimana

## LEGUMI
3-4 volte a settimana

## FORMAGGI
2-3 volte a settimana

# PORZIONI INDICATIVE

## Creme di cereali
6 mesi 20 grammi
12 mesi 30 grammi

## Pasta / Riso*
6 mesi 20 grammi
12 mesi 30 grammi
24 mesi 40 grammi

## Verdure fresche
6 mesi 20 grammi
12 mesi 30 grammi
24 mesi 60 grammi

## Frutta fresca
6 mesi 40 grammi
12 mesi 80 grammi
24 mesi 60/80 gr.

## Olio d'oliva
6 mesi 5 grammi
12 mesi 10 grammi
24 mesi 20 grammi

## Carne fresca
6 mesi 15 grammi
12 mesi 25 grammi
24 mesi 30 grammi

## Pesce fresco
6 mesi 20 grammi
12 mesi 30 grammi
24 mesi 35 grammi

## Legumi secchi
6 mesi 10 grammi
12 mesi 15 grammi
24 mesi 20 grammi

## Legumi freschi
6 mesi 25 grammi
12 mesi 40 grammi
24 mesi 50 grammi

## Uovo
6 mesi 1/2 uovo
12 mesi 1 uovo
24 mesi 1 uovo

## Formaggio fresco
6 mesi 15 grammi
12 mesi 25 grammi
24 mesi 30 grammi

## Omogeneizzati
6 mesi 1/2 vasetto
12 mesi 1 vasetto

*i carboidrati possono essere dati a sazietà

# FRUTTA DI STAGIONE

## GENNAIO

MELE PERE KIWI
ARANCE
MANDARINI
CLEMENTINE
POMPELMI
LIMONI

## FEBBRAIO

MELE PERE KIWI
ARANCE
MANDARINI
CLEMENTINE
POMPELMI
LIMONI

## MARZO

MELE PERE KIWI
ARANCE
POMPELMI
LIMONI

## APRILE

MELE PERE KIWI
ARANCE
POMPELMI
LIMONI
FRAGOLE
NESPOLE

## MAGGIO

MELE PERE KIWI
CILIEGIE
POMPELMI
FRAGOLE
NESPOLE
MELONI
LAMPONI

## GIUGNO

CILIEGIE
FRAGOLE
MELONI
LAMPONI
PESCHE SUSINE
FICHI
ALBICOCCHE

## LUGLIO

CILIEGIE
COCOMERI
FRAGOLE
MELONI MIRTILLI
LAMPONI
PESCHE
PRUGNE SUSINE
FICHI
ALBICOCCHE

## AGOSTO

COCOMERI
FRAGOLE
LAMPONI FICHI
MELE PERE
PESCHE
PRUGNE SUSINE
MELONI MIRTILLI
UVA

## SETTEMBRE

MELE PERE
PESCHE
MIRTILLI FICHI
MELONI
LAMPONI
PRUGNE SUSINE
UVA

## OTTOBRE

MELE PERE UVA
LAMPONI
LIMONI
CLEMENTINE
CACHI
CASTAGNE

## NOVEMBRE

MELE PERE UVA
LIMONI
CLEMENTINE
CACHI
CASTAGNE
ARANCE KIWI
MANDARINI
POMPELMI

## DICEMBRE

MELE PERE UVA
LIMONI
CLEMENTINE
CACHI
CASTAGNE
ARANCE KIWI
MANDARINI
POMPELMI

# VERDURA DI STAGIONE

## GENNAIO
BIETA CARCIOFI
CAROTE
BROCCOLI
CAVOLFIORI
CAVOLI CICORIA
FINOCCHIO
RADICCHIO RAPE
SPINACI ZUCCA

## FEBBRAIO
BIETA CARCIOFI
CAROTE
BROCCOLI
CAVOLFIORI
CAVOLI CICORIA
FINOCCHIO
RADICCHIO RAPE
SPINACI ZUCCA
SEDANO

## MARZO
ASPARAGI BIETA
CARCIOFI
CAROTE
BROCCOLI
CAVOLFIORI
CAVOLI CICORIA
FINOCCHIO
RADICCHIO RAPE
SPINACI SEDANO

## APRILE
ASPARAGI BIETA
CARCIOFI
CAROTE
CAVOLFIORI
CAVOLI CICORIA
FINOCCHIO
RADICCHIO
SPINACI SEDANO
RAVANELLI

## MAGGIO
ASPARAGI BIETA
CAROTE CAVOLI
CICORIA
FINOCCHIO
RADICCHIO
SPINACI SEDANO
RAVANELLI
POMODORI FAVE
FAGIOLINI

## GIUGNO
ASPARAGI BIETA
CARCIOFI CAROTE
CAVOLI CICORIA
CETRIOLI
RADICCHIO
SEDANO RAVANELLI
POMODORI FAVE
FAGIOLINI
MELANZANE
PEPERONI
ZUCCHINE

## LUGLIO
BIETA CAROTE
CAVOLI
CICORIA
CETRIOLI
RADICCHIO
SEDANO
RAVANELLI
POMODORI FAVE
FAGIOLINI
MELANZANE
PEPERONI
ZUCCHINE

## AGOSTO
BIETA CAROTE
CAVOLI
CICORIA
CETRIOLI
RADICCHIO SEDANO
RAVANELLI
POMODORI ZUCCHE
FAGIOLINI
MELANZANE
PEPERONI
ZUCCHINE

## SETTEMBRE
BIETA CAROTE
BROCCOL
CAVOLI
CICORIA
CETRIOLI
RADICCHIO SPINACI
SEDANO RAVANELLI
POMODORI ZUCCHE
FAGIOLINI
MELANZANE
PEPERONI
ZUCCHINE

## OTTOBRE
BIETA CAROTE
BROCCOLI
CAVOLI
CAVOLFIORE
FINOCCHI
CICORIA
RADICCHIO SPINACI
SEDANO RAVANELLI
ZUCCHE
MELANZANE
PEPERONI RAPE

## NOVEMBRE
BIETA CAROTE
BROCCOLI
CAVOLI
CAVOLFIORE
FINOCCHI
CICORIA
RADICCHIO
SPINACI SEDANO
ZUCCHE RAPE

## DICEMBRE
BIETA CAROTE
BROCCOLI
CAVOLI
CAVOLFIORE
FINOCCHI
CICORIA
RADICCHIO
SPINACI ZUCCHE
RAPE

INDICE RICETTE                            PAGINA

# INDICE RICETTE

## RICETTE VARIE

# CARNE

# PASTA ZUCCA E MACINATO

Dai 6 Mesi

## Ingredienti per 2 adulti e 1 bambino

- 200 gr pasta
- 150 gr macinato manzo
- 200 gr zucca
- mezza cipolla piccola
- pepe (facoltativo)
- olio evo

## Procedimento

1. Tritare la cipolla, metterla in una padella con un filo d'olio evo e mezzo bicchiere di acqua.
2. Lasciar insaporire per un paio di minuti.
3. Tagliare la zucca a pezzetti, aggiungerla nella padella con la cipolla e lasciar cuocere per un quarto d'ora.
4. Una volta cotta metterla in un frullatore con il pepe e frullare fino ad ottenere una cremina.
5. Intanto cuocere la pasta.
6. Nella stessa padella usata per la zucca far rosolare la carne macinata per una decina di minuti.
7. Aggiungere la zucca frullata e far amalgamare alla carne.
8. Scolare la pasta e aggiungerla al condimento.
9. Mantecare un paio di minuti aggiungendo un mestolo di acqua di cottura.
10. Impiattare e terminare con un cucchiaino d'olio a crudo.

# NUGGETS DI POLLO

Dai 6 Mesi

## Ingredienti per 15/18 nuggets

- 300 gr petto pollo
- 300 gr patate lesse
- 2 cucchiai parmigiano
- aglio in polvere
- paprika
- pangrattato per la panatura

## Procedimento

1. Mettere in un mixer il petto di pollo, le patate lesse, il parmigiano e l'aglio in polvere.
2. Frullare il tutto fino ad ottenere un composto omogeneo ma molto morbido e appiccicoso.
3. Mettere il pangrattato in una ciotolina aggiungendo un po' di paprika.
4. Con l'aiuto di un cucchiaio prelevare l'impasto e passarlo velocemente nel pangrattato.
5. Cuocere in forno a 180 gradi per 30 minuti, oppure in friggitrice ad aria a 200 gradi per 15/20 minuti.

*per avere un pasto completo aggiungere una verdura

# POLPETTE DI VITELLO AL SUGO

Dai 6 Mesi

## Ingredienti per 12/15 pezzi

- 400 gr macinato di vitello
- 1 uovo
- 1 cucchiaio parmigiano
- 3 cucchiai pangrattato
- prezzemolo
- passata di pomodoro
- misto per soffritto
- olio evo

## Procedimento

1. In una ciotola unire il macinato di vitello, l'uovo, il parmigiano e il prezzemolo.
2. Aggiungere anche il pangrattato e mescolare.
3. Formare le polpette e lasciare da parte
4. Intanto preparare il sugo mettendo il misto per soffritto, un filo d'olio e un po' di acqua in una pentola.
5. Far insaporire un paio di minuti.
6. Dopodiché aggiungere la passata di pomodoro e far cuocere per 5 minuti.
7. Mettere le polpette nel sugo e lasciar cuocere a fuoco basso per una trentina di minuti.

*per avere un pasto completo aggiungere un carboidrato e verdura

3

# RISO BROCCOLI E MACINATO

Dai 6 Mesi

**Ingredienti per 2 adulti e 1 bambino**

- 210 gr riso
- 150 gr macinato bovino
- mezzo broccolo verde
- un pezzo cipolla
- 1 cucchiaino burro
- olio evo

**Procedimento**

1. Pulire e dividere in cimette il broccolo.
2. In una pentola mettere un filo d'olio evo, la cipolla tritata e un po' di acqua. Far insaporire un paio di minuti.
3. Aggiungere le cimette e lasciar cuocere una decina di minuti.
4. Passato questo tempo aggiungere anche il macinato e far cuocere altri 10 minuti.
5. Cuocere il riso in abbondante acqua.
6. Scolarlo, tenendo da parte un mestolo di acqua di cottura, e metterlo nella pentola del condimento.
7. Mescolare un paio di minuti con il fuoco acceso per far insaporire il tutto, aggiungendo l'acqua di cottura.
8. Spegnere il fuoco, aggiungere il burro e mescolare fino a che sarà completamente sciolto.

# COTOLETTE DI POLLO E ZUCCHINE

Dai 6 Mesi

## Ingredienti per 12/15 pezzi

- 400 gr petto pollo
- 200 gr zucchine
- 1 uovo
- 2 cucchiai parmigiano
- aglio in polvere (facoltativo)
- 50 gr pangrattato + panatura

## Procedimento

1. Per prima cosa pulire le zucchine e tagliarle a pezzi.
2. In un mixer aggiungere le zucchine tagliate, il petto di pollo, l'aglio in polvere, l'uovo, il parmigiano e frullare fino ad ottenere un composto omogeneo. Tutto a crudo.
3. Mettere il composto in una ciotola e aggiungere il pangrattato.
4. Ungere le mani con un po' d'olio evo, formare le cotolette e passarle nel pangrattato.
5. Cuocere in forno a 180 gradi per 30 minuti oppure in friggitrice ad aria a 180 gradi per 20 minuti.

*per avere un pasto completo aggiungere un carboidrato.

# SFORMATO DI RISO

Dai 6 Mesi

## Ingredienti per 2 adulti e 1 bambino

- 210 gr riso
- 150 gr macinato
- 1 melanzana
- 400 ml passata pomodoro
- parmigiano
- aglio
- olio evo

## Procedimento

1. In una pentola mettere uno spicchio d'aglio, un filo d'olio e un po' di acqua.
2. Intanto sbucciare la melanzana (facoltativo) ed aggiungerla a pezzetti nella pentola.
3. Lasciar insaporire qualche minuto.
4. Aggiungere il macinato, sgranandolo per bene, lasciar rosolare 2/3 minuti.
5. Aggiungere anche la passata di pomodoro e far cuocere per una ventina di minuti.
6. Intanto cuocere il riso scolandolo molto a dente.
7. Condire il riso con il sugo di macinato e melanzane.
8. Mettere il tutto in una pirofila/stampo, spolverata di parmigiano in superficie e infornare a 180 gradi per 20 minuti.
9. Lasciar intiepidire qualche minuto e impiattare.

# PASTA CON RAGÙ BIANCO

Dai 6 Mesi

## Ingredienti per 2 adulti e 1 bambino

- 200 gr pasta
- 150 gr macinato tacchino
- 1 carota
- 1 zucchina
- mezza cipolla
- olio evo

## Procedimento

1. Tritare carota, zucchine e cipolla.
2. Mettere il trito appena ottenuto in una padella con un filo d'olio evo e un po' di acqua.
3. Far rosolare un paio di minuti.
4. Aggiungere anche il macinato di tacchino e continuare la cottura per una ventina di minuti.
5. Cuocere la pasta, dopodiché scolarla tenendo da parte un mestolo di acqua di cottura.
6. Mettere la pasta nelle padella del ragù, mantecare sul fuoco per un paio di minuti, aggiungendo acqua di cottura.
7. Impiattare e terminare con un filo d'olio evo a crudo.

# VELLUTATA DI ZUCCA CON POLLO

Dai 6 Mesi

## Ingredienti per 2 adulti e 1 bambino

- 400 gr patate
- 300 gr zucca
- 4 cosce pollo
- 1 cipollotto
- pepe (facoltativo)
- olio evo

## Procedimento

1. Pulire patate e zucca e tagliarle a pezzi.
2. In una pentola mettere circa 1 litro di acqua e aggiungere patate, zucca e cipollotto.
3. Cuocere per circa 30 minuti.
4. Nel frattempo cuocere a vapore le cosce di pollo, eliminando la pelle, per circa 30 minuti.
5. Una volta cotte patate e zucca frullare direttamente nella pentola e aggiungere un po' di pepe.
6. Disossare il pollo e sfilacciare per bene la carne.
7. Impiattare la vellutata di zucca e qualche pezzetto di pollo al centro.
8. Terminare con un filo d'olio evo a crudo.

# RISO BASMATI E POLLO AL CURRY

Dai 6 Mesi

**Ingredienti per 2 adulti e 1 bambino**

- 210 gr riso basmati
- 250 gr straccetti pollo
- 150 ml latte
- 1 cucchiaio curry
- 1 cucchiaino farina
- 1 pezzetto cipolla
- olio evo

**Procedimento**

1. Cuocere il riso basmati in acqua seguendo le indicazioni riportate sulla confezione.
2. Intanto mettere in una ciotola il latte, il curry, la farina e mescolare con una frusta.
3. Tritare finemente la cipolla e metterla in una padella con un filo d'olio evo.
4. Aggiungere anche gli straccetti di pollo e lasciar rosolare qualche minuto.
5. Unire la salsa al curry e lasciar cuocere circa 15 minuti (se necessario aggiungere un po' di acqua durante la cottura.
6. Impiattare mettendo un po' di riso basmati e adagiarvi su il pollo al curry.

# POLPETTE TACCHINO E BROCCOLI

Dai 6 Mesi

## Ingredienti per 10/12 polpette

- 400 gr petto tacchino
- mezzo broccolo
- 3 cucchiai pangrattato + panatura
- aglio
- olio evo

## Procedimento

1. Pulire e dividere in cimette il broccolo.
2. Cuocere a vapore o lessarli per circa un quarto d'ora.
3. In un mixer mettere il petto di tacchino crudo, i broccoli cotti e frullare.
4. Trasferire in una ciotola e aggiungere 3 cucchiai di pangrattato.
5. Ungere le mani con un po' d'olio evo, formare le polpette e passarle nel pangrattato.
6. Spennellare la superficie con olio evo.
7. Cuocere in forno a 180° per 20 minuti oppure in friggitrice ad aria a 180° per 15 minuti.

*per avere un pasto completo aggiungere un carboidrato.

# POLLO AL LATTE CON ZUCCHINE

Dai 6 Mesi

## Ingredienti per 2 adulti e 1 bambino

- 350 gr petto pollo
- 2 zucchine
- 1 bicchiere di latte
- 1 scalogno
- farina
- olio evo
- pepe (facoltativo)

## Procedimento

1. Tagliare il pollo a striscioline e infarinarlo.
2. Tritare finemente lo scalogno e metterlo in padella con un filo d'olio evo.
3. Intanto tagliare a dadini le zucchine e aggiungerle allo scalogno.
4. Far cuocere una decina di minuti.
5. Dopodiché aggiungere il pollo e lasciar rosolare qualche minuto.
6. Quando il pollo è ben rosolato aggiungere il bicchiere di latte e il pepe.
7. Lasciar cuocere per altri 10 minuti finché tutto sarà bello cremoso.

*per avere un pasto completo aggiungere un carboidrato.

# RISOTTO ZAFFERANO E MACINATO

Dai 6 Mesi

**Ingredienti per 2 adulti e 1 bambino**

- 210 gr riso
- 150 gr macinato tacchino
- 1 lt brodo vegetale
- 1 noce burro
- un pezzetto scalogno
- 1 bust. zafferano

## Procedimento

1. In un ampia pentola mettere lo scalogno tritato, l'olio, un po' di acqua e il macinato e lasciar rosolare un 5 minuti.
2. Passato questo tempo far tostare il riso un paio di minuti, nella stessa pentola.
3. Tostato il riso aggiungere un mestolo di brodo in cui sciogliere la bustina di zafferano e mescolare.
4. Cuocere il risotto per il tempo riportato sulla confezione, aggiungendo un po' per volta il brodo, man mano che si assorbe.
5. A cottura ultimata aggiungere il burro e mantecare.
6. Impiattare e terminare con una spolverata di parmigiano.

*per avere un pasto completo aggiungere una verdura.

# pesce

# PASTA SALMONE E ZUCCHINE

Dai 6 Mesi

## Ingredienti per 2 adulti e 1 bambino

- 200 gr pasta
- 100 gr salmone fresco
- 2 zucchine
- 1 cucchiaio formaggio spalmabile
- cipolla

## Procedimento

1. Tagliare le zucchine a pezzetti e cuocere in padella con un pezzetto di cipolla per una decina di minuti.
2. Una volta cotte frullarle grossolanamente, in modo che resti qualche pezzetto.
3. Intanto nella stessa padella delle zucchine cuocere il salmone tagliato a pezzetti.
4. Aggiungere le zucchine frullate e far insaporire qualche minuto.
5. Cuocere la pasta e scolare al dente tenendo da parte un mestolo di acqua di cottura.
6. Versare la pasta nel condimento, unire il formaggio spalmabile, l'acqua di cottura e amalgamare il tutto.

# PASTA PEPERONI E TONNO

Dai 6 Mesi

**Ingredienti per 2 adulti e 1 bambino**

- 200 gr pasta
- 1 peperone
- 150 gr tonno al naturale
- pepe (facoltativo)
- olio evo

**Procedimento**

1. Pulire e tagliare il peperone, eliminando la buccia con un pelapatate.
2. Cuocere il peperone per circa 15 minuti con un pochino di acqua.
3. Intanto portare a bollore l'acqua per la cottura della pasta.
4. Aggiungere il tonno e il pepe nella padella dei peperoni e lasciar insaporire 2/3 minuti.
5. Per rendere la pasta più cremosa frullare una parte di paperoni e tonno con un po' di acqua di cottura.
6. Scolare la pasta e amalgamare al condimento.
7. Impiattare e aggiungere un filo d'olio a crudo.

# RiSO FAGIOLINI E MERLUZZO

Dai 6 Mesi

## Ingredienti per 2 adulti e 1 bambino

- 210 gr riso
- 100 gr merluzzo
- 100 gr fagiolini
- 10 pomodorini
- aglio
- olio evo

## Procedimento

1. Lessare i fagiolini per una decina di minuti, scolarli, raffreddarli in acqua fredda e tagliarli a pezzettini.
2. In una padella mettere uno spicchio d'aglio e i pomodorini tagliati a spicchi.
3. Passati circa 10 minuti, togliere l'aglio, aggiungere il merluzzo e far cuocere per altri 10 minuti.
4. Cuocere il riso.
5. Intanto mettere i fagiolini, precedentemente tagliati, con il merluzzo e pomodorini.
6. Scolare il riso e aggiungerlo al condimento.
7. Far insaporire un paio di minuti.
8. Impiattare e terminare il piatto con un cucchiaino d'olio evo.

# CROCCHETTE DI RISO, MERLUZZO E CAROTE

Dai 6 Mesi

## Ingredienti per 10/12 pezzi

- 150 gr riso
- 1 filetto merluzzo
- 2 carote
- 1 uovo
- cipollotto
- pangrattato

## Procedimento

1. Per prima cosa cuocere il riso in abbondante acqua bollente. Scolare e lasciar raffreddare.
2. Intanto pulire, pelare le carote e metterle in un mixer insieme al cipollotto tritando finemente.
3. Mettere il trito in una pentola con un filo d'olio e un pochino di acqua.
4. Aggiungere anche il merluzzo e lasciar cuocere una ventina di minuti.
5. Schiacciare grossolanamente il merluzzo con una forchetta.
6. Unire questi ingredienti al riso e mescolare.
7. Aggiungere anche l'uovo e 1 cucchiaio di pangrattato. Mescolare.
8. Formare le crocchette e passarle nel pangrattato.
9. Cuocere in forno a 180 gradi per 25 minuti, oppure in friggitrice ad aria a 180 gradi per 15 minuti.

# POLPETTE TONNO E CAVOLFIORE

Dai 6 Mesi

**Ingredienti per 10/12 pezzi**

- 500 gr cavolfiore
- 1 vasetto tonno in vetro
- 1 uovo
- 2/3 cucchiai pangrattato
- prezzemolo
- aglio in polvere

**Procedimento**

1. Cuocere a vapore il cavolfiore tagliato a pezzi per circa 20 minuti.
2. Mettere il cavolfiore in una ciotola e schiacciare con una forchetta.
3. Aggiungere il tonno, l'uovo, il prezzemolo tritato, l'aglio in polvere e mescolare il tutto.
4. Aggiungere il pangrattato in modo da ottenere un impasto facile da lavorare.
5. Formare le polpette e passarle nel pangrattato.
6. Cuocere in forno per 20/25 minuti a 190 gradi. Oppure in friggitrice ad aria a 190 gradi per 15 minuti.

*per avere un pasto completo aggiungere un carboidrato.

# NUGGETS DI SALMONE

Dai 6 Mesi

## Ingredienti per 10/12 pezzi

- 1 filetto salmone
- 3 cucchiai farina
- mezzo bicchiere acqua
- pangrattato

## Procedimento

1. Tagliare a tocchetti il salmone, eliminando anche la pelle, se presente.
2. Preparare la pastella con acqua e farina.
3. Passare i pezzi di salmone nella pastella e poi nel pangrattato.
4. Cuocere i nuggets di salmone in forno a 180 gradi per 20/25 minuti, oppure in friggitrice ad aria a 180 gradi per 15 minuti.
5. Impiattare e accompagnare, per esempio, con patate e verdure cotte in friggitrice ad aria.

*per avere un pasto completo aggiungere un carboidrato e verdura
**anziché di salmone si possono fare anche con altri tipi di pesce, ad esempio merluzzo/nasello...

# BURGER DI NASELLO

Dai 6 Mesi

## Ingredienti per 4/5 burger

- 4 filetti nasello
- 2 patate
- 1 zucchina
- prezzemolo
- pangrattato
- olio evo

## Procedimento

1. Cuocere a vapore sia le patate che le zucchine per circa 15 minuti.
2. Una volta cotte metterle in un mixer, insieme al merluzzo crudo e il prezzemolo.
3. Aggiungere 1 cucchiaio di pangrattato al composto appena ottenuto (se necessario aggiungerne altro fino ad avere un impasto facilmente lavorabile).
4. Formare delle palline d'impasto e schiacciarle per ottenere dei burger.
5. Cuocere in padella con un filo d'olio, circa 6 minuti per lato, tenendo chiuso con un coperchio

# MERLUZZO iN CROSTA

Dai 6 Mesi

## Ingredienti per 2 adulti e 1 bambino

- 300 gr filetti merluzzo
- 2 patate medie
- 2 zucchine
- mezza cipolla
- rosmarino
- olio evo

## Procedimento

1. Grattugiare patate, zucchine e cipolla e metterle in una ciotola.
2. Insaporire con rosmarino e altre spezie a piacere e aggiungere anche 2 cucchiai di olio evo.
3. In una teglia ricoperta da carta forno adagiare i filetti di merluzzo.
4. Ricoprire completamente i filetti con patate e zucchine grattugiate.
5. Infornare a 200 gradi per circa 40 minuti, gli ultimi 5 minuti attivare il grill.

# CROCCHETTE ZUCCHINE E GAMBERETTI

Dai 6 Mesi

## Ingredienti per 12/15 pezzi

- 400 gr patate
- 150 gr gamberetti
- 2 zucchine
- 4 cucchiai pangrattato + panatura
- prezzemolo

## Procedimento

1. Lessare le patate con tutta la buccia.
2. Nel frattempo grattugiare le zucchine e cuocerle in padella con un filo d'olio evo e i gamberetti per circa 15 minuti.
3. Frullare zucchine e gamberetti.
4. Una volta pronte le patate passarle nello schiacciapatate.
5. Unire quindi patate, zucchine, gamberetti, prezzemolo e pangrattato fino ad ottenere un composto omogeneo.
6. Formare le crocchette e passarle nel pangrattato.
7. Cuocere in forno a 180 gradi per 20 minuti oppure in friggitrice ad aria per 10/15 minuti.

# PASTA CON CREMA DI AVOCADO E SALMONE

Dai 6 Mesi

**Ingredienti per 2 adulti e 1 bambino**

- 200 gr pasta
- 100 gr salmone fresco
- 1 avocado
- mezzo limone
- cipolla
- pepe (facoltativo)
- olio evo

**Procedimento**

1. Tritare finemente la cipolla e metterla in una padella con il salmone tagliato a pezzetti.
2. Lasciar cuocere una decina di minuti.
3. Intanto cuocere la pasta.
4. In un mixer aggiungere la polpa dell'avocado, il succo di mezzo limone e il pepe.
5. Frullare fino ad ottenere una bella crema.
6. Scolare la pasta, aggiungerla nella padella con il salmone e lasciar insaporire aggiungendo un mestolo di acqua di cottura.
7. Spegnendo il fuoco, terminare aggiungendo la crema di avocado e mescolare.
8. Impiattare e aggiungere un filo d'olio a crudo.

# PLATESSA SU CREMA DI BROCCOLI

Dai 6 Mesi

## Ingredienti per 2 adulti e 1 bambino

- 300 gr filetti platessa
- mezzo broccolo
- 3 patate
- olio evo

## Procedimento

1. Pulire e tagliare a pezzi broccoli e patate.
2. Cuocere a vapore per una decina di minuti.
3. Intanto pulire il filetto di platessa e aggiungerlo nel cestello per la cottura a vapore e cuocere il tutto per altri 10 minuti.
4. Una volta pronti frullare patate e broccoli, aggiungendo un po' di acqua fino ad ottenere una crema.
5. Impiattare la crema di patate e broccoli, adagiare su i filetti di platessa e condire con un filo d'olio evo.

# PASTA CON RAGÙ DI MERLUZZO

Dai 6 Mesi

## Ingredienti per 2 adulti e 1 bambino

- 200 gr pasta
- 100 gr merluzzo
- 150 ml passata pomodoro
- qualche oliva denocciolata
- misto per soffritto
- prezzemolo
- olio evo

## Procedimento

1. In un'ampia padella aggiungere il misto per soffritto (sedano, carota, cipolla) insieme ad un filo d'olio e un po' di acqua.
2. Lasciar insaporire un paio di minuti.
3. Aggiungere la salsa di pomodoro, le olive tagliate a rondelle e far cuocere circa 15 minuti.
4. Aggiungere anche il merluzzo e far cuocere una decina di minuti.
5. Intanto cuocere la pasta.
6. Una volta pronto il merluzzo schiacciarlo un po' in modo da avere piccoli pezzettini.
7. Scolare la pasta direttamente nel sugo e lasciar insaporire sulla fiamma per 3/4 minuti.
8. Impiattare e terminare con un filo d'olio evo e un po' di prezzemolo tritato.

24

# LEGUMI

# PASTA CON RAGÙ DI LENTICCHIE E VERDURE

Dai 6 Mesi

**Ingredienti per 2 adulti e 1 bambino**

- 200 gr pasta
- 1 zucchina
- 1 carota
- 1 pezzetto cipolla
- 80 gr lenticchie (decorticate fino ai 12/18 mesi)
- olio evo

**Procedimento**

1. In una pentola aggiungere un filo d'olio evo, un pochino di acqua, la zucchina, la carota e la cipolla tagliati finemente o tritati.
2. Far insaporire un paio di minuti.
3. Aggiungere anche le lenticchie e mezzo bicchiere di acqua.
4. Lasciar cuocere il tutto per circa 15 minuti.
5. Aggiungere la pasta direttamente nella pentola insieme ad un bicchiere di acqua.
6. Lasciar cuocere per il tempo riportato sulla confezione della pasta.
7. Impiattare e aggiungere un filo d'olio a crudo.

# PASTA PEPERONI E CECI

Dai 6 Mesi

**Ingredienti per 2 adulti e 1 bambino**

- 200 gr pasta
- 1 peperone
- 150 gr ceci cotti e decorticati
- olio evo

**Procedimento**

1. Pulire e tagliare il peperone, eliminando la buccia con un pelapatate.
2. Cuocere il peperone per circa 15 minuti con un pochino di acqua.
3. Intanto portare a bollore l'acqua per la cottura della pasta.
4. In un frullatore aggiungere il peperone cotto, i ceci decorticati e 2 cucchiai d'olio evo.
5. Frullare fino ad ottenere una crema liscia, se necessario aggiungere un po' di acqua di cottura.
6. Scolare la pasta e amalgamare al condimento.
7. Impiattare e aggiungere un filo d'olio a crudo.

# PASTA PISELLI E CARCIOFI

Dai 6 Mesi

## Ingredienti per 2 adulti e 1 bambino

- 200 gr pasta
- 2 carciofi
- 150 gr piselli (decorticati dai 6 mesi)
- 1 spicchio d'aglio
- olio evo

## Procedimento

1. In una padella aggiungere un filo d'olio evo, un bicchiere di acqua e l'aglio.
2. Far insaporire un paio di minuti, intanto pulire e tagliare a pezzetti i carciofi.
3. Aggiungerli in padella e lasciar cuocere per circa 10 minuti.
4. Aggiungere anche i piselli e lasciar cuocere il tutto per 15 minuti.
5. Eliminare l'aglio.
6. Portare a bollore l'acqua per la cottura della pasta.
7. Scolare al dente e unire al condimento, mantecare per qualche minuto e se necessario aggiungere un po' di acqua di cottura.
8. Impiattare e aggiungere un filo d'olio a crudo.

*usando piselli decorticati far cuocere a parte per una trentina di muniti prima di aggiungerli ai carciofi.

# BURGER ZUCCA E CANNELLINI

Dai 6 Mesi

## Ingredienti per 4/5 burger

- 200 gr cannellini cotti
- 100 gr zucca
- 1 uovo
- mezzo scalogno
- 2/3 cucchiai pangrattato
- olio evo
- pepe (facoltativo)

## Procedimento

1. Tagliare a pezzetti zucca e scalogno e cuocere in padella con un filo d'olio evo e un po' d'acqua per circa un quarto d'ora.
2. A parte passare, con il passaverdure, i cannellini per eliminare la buccia.
3. Mettere i cannellini e zucca in una ciotola e aggiungere anche l'uovo e il pepe. Mescolare.
4. Aggiungere il pangrattato per ottenere un composto non appiccicoso.
5. Formare i burger e cuocere in padella calda, circa 5 minuti per lato.

*per avere un pasto completo aggiungere un carboidrato

# POLPETTE CECI E BARBABIETOLA ROSSA

Dai 6 Mesi

## Ingredienti per 2 adulti e 1 bambino

- 200 gr ceci cotti e decorticati
- mezza barbabietola cotta
- 1 uovo
- 2/3 cucchiai pangrattato (+ panatura)
- aglio in polvere

## Procedimento

1. Mettere i ceci, la barbabietola, l'uovo e l'aglio in un mixer e frullare il tutto.
2. Mettere il composto in una ciotola e aggiungere il pangrattato fino ad ottenere un un composta facile da lavorare.
3. Formare le polpette e passarle nel pangrattato.
4. Cuocere in friggitrice ad aria a 180 gradi per 15 minuti oppure in forno a 180 gradi per 25 minuti.
5. Impiattare e accompagnare con una salsa.

*per avere un pasto completo aggiungere un carboidrato.

# VELLUTATA PISELLI E PATATE

Dai 6 Mesi

## Ingredienti per 2 adulti e 1 bambino

- 3 patate
- 250 gr piselli (decorticati fino ai 12/18 mesi)
- cipolla
- brodo vegetale o acqua
- olio evo

## Procedimento

1. In una pentola mettere un pezzetto di cipolla tritata, un po' di olio evo e acqua.
2. Lasciar insaporire un paio di minuti.
3. Aggiungere anche i piselli e le patate tagliate a tocchetti. Mescolare.
4. Aggiungere brodo o acqua fino a coprire completamente e lasciar cuocere per 20/25 miruti (se dovesse asciugarsi troppo, aggiungere acqua).
5. A fine cottura frullare il tutto fino ad ottenere una vellutata omogenea.
6. Impiattare e terminare con 1 cucchiaino d'olio evo.

*per avere un pasto completo aggiungere una verdura.

# PASTA VERDURE CECI E ZAFFERANO

Dai 6 Mesi

## Ingredienti per 2 adulti e 1 bambino

- 200 gr pasta
- 1 zucchina
- 1 carota
- 100 gr ceci cotti e decorticati
- 1 bustina zafferano
- scalogno

## Procedimento

1. Pulire e tagliare a pezzetti zucchina, carota e scalogno.
2. Cuocere in padella, con un filo d'olio e un po' di acqua, per circa 20 minuti.
3. Intanto portare a bollore l'acqua per la cottura della pasta.
4. Una volta cotte le verdure metterle in un mixer insieme ai ceci e lo zafferano e frullare fino ad ottenere una crema (se necessario aggiungere un po' di acqua).
5. Scolare la pasta e aggiungere il condimento.
6. Impiattare e terminare con un filo d'olio evo a crudo.

# BURGER BROCCOLI E LENTICCHIE

Dai 6 Mesi

## Ingredienti per 5/6 burger

- 3 patate
- 100 gr broccoli
- 100 gr lenticchie decorticate
- 1 uovo
- pangrattato

## Procedimento

1. Pulire e tagliare a pezzi le patate e i broccoli.
2. Riempire una pentola con acqua, aggiungere patate, broccoli e lenticchie e lasciar cuocere per una ventina di minuti.
3. In una ciotola schiacciare tutto con una forchetta o uno schiacciapatate.
4. Aggiungere l'uovo e mescolare.
5. Aggiungere anche un paio di cucchiai di pangrattato in modo da ottenere un composto facile da lavorare.
6. Formare i burger facendo delle palline che poi andranno schiacciate.
7. Cuocere in padella antiaderente 3/4 minuti per lato.
8. Impiattare e accompagnare con qualche salsina.

# RiSO CON CREMA Di PiSELLi

Dai 6 Mesi

## Ingredienti per 2 adulti e 1 bambino

- 210 gr riso
- 150 gr piselli (decorticati dai 6 mesi)
- 1 zucchina
- scalogno
- olio evo

## Procedimento

1. In una padella aggiungere lo scalogno tritato, i piselli, un filo d'olio e far cuocere per 5 minuti.
2. Intanto tagliare la zucchina a pezzetti e aggiungerla ai piselli.
3. Lasciar cuocere altri 15 minuti, aggiungendo un po' di acqua.
4. Intanto cuocere il riso.
5. Frullare i piselli e le zucchine.
6. Scolare il riso tenendo da parte un mestolo di acqua di cottura.
7. Aggiungere il condimento al riso amalgamando il tutto con l'acqua di cottura per renderlo ancora più cremoso.
8. Impiattare e terminare con olio evo.

*usando piselli decorticati far cuocere a parte per una trentina di muniti prima di procedere con la ricetta.

# POLPETTE DI CECI

Dai 6 Mesi

## Ingredienti per 12 polpette

- 200 gr ceci cotti
- 1 patata lessa
- 1 uovo
- 2 cucchiai di pangrattato (+ panatura)
- prezzemolo
- aglio in polvere

## Procedimento

1. Frullare i ceci cotti.
2. Aggiungere una patata lessa schiacciata, il prezzemolo, l'aglio in polvere, l'uovo e amalgamare.
3. Aggiungere anche il pangrattato per ottenere un composto facilmente lavorabile per creare le polpette (se necessario aggiungere altro pangrattato).
4. Formare le polpette e passarle nel pangrattato.
5. Cottura in padella, con un filo d'olio, circa 6/7 minuti per lato, oppure in forno a 180 gradi per 20 minuti, o ancora in friggitrice ad aria a 180 gradi per 15 minuti.

*per avere un pasto completo aggiungere un carboidrato e verdura.

# STICK DI CECI

Dai 6 Mesi

## Ingredienti

- 600 ml acqua
- 100 gr farina di ceci
- 50 gr farina mais

## Procedimento

1. Portare a bollore l'acqua.
2. Aggiungere la farina di ceci e la farina di mais, mescolare con una frusta per qualche minuto finché il composto non inizierà ad addensare.
3. Mettere il composto in una teglia leggermente oleata e stendere ad uno spessore di circa 1 cm.
4. Lasciar raffreddare completamente.
5. Ricavare degli stick dal panetto steso in teglia.
6. Infornare a 200 gradi per circa 20 minuti. Per avere stick belli dorati mettere in modalità grill per altri 5 minuti.

*per avere un pasto completo aggiungere un carboidrato e verdura.

# RISO CON CREMA DI CAROTE E LENTICCHIE

Dai 6 Mesi

## Ingredienti per 2 adulti e 1 bambino

- 210 gr riso
- 80 gr lenticchie decorticate
- 2 carote
- mezzo scalogno
- olio evo

## Procedimento

1. In una padella mettere lo scalogno tritato, un filo d'olio e un po' di acqua. Far insaporire un paio di minuti.
2. Pelare e tagliare a cubetti le carote.
3. Farle rosolare con lo scalogno qualche minuto.
4. Sciacquare le lenticchie e metterle a cuocere con le carote.
5. Far cuocere il tutto una ventina di minuti.
6. Intanto cuocere il riso.
7. Frullare le carote e le lenticchie, aggiungendo un po' di acqua di cottura, fino ad ottenere una crema.
8. Condire il riso e impiattare aggiungendo un filo d'olio evo a crudo.

# FORMAGGI

# PASTA ZUCCHINE E RADICCHIO

Dai 6 Mesi

## Ingredienti per 2 adulti e 1 bambino

- 200 gr pasta
- 2 zucchine (circa 150 gr)
- 90 gr radicchio
- 50 gr formaggio spalmabile
- 1 pezzetto di scalogno
- olio evo

## Procedimento

1. In una padella aggiungere un filo d'olio evo, un bicchiere di acqua e lo scalogno tagliato a pezzettini.
2. Far insaporire un paio di minuti e aggiungere la zucchina tagliata a cubetti.
3. Lasciar cuocere per circa 15 minuti.
4. Frullare una parte di zucchine con il formaggio spalmabile fino ad ottenere una crema.
5. Tagliare il radicchio a striscioline e lasciar appassire in padella con le zucchine restanti.
6. Cuocere la pasta in abbondante acqua bollente.
7. Scolare la pasta, tenendo un mestolo di acqua di cottura.
8. Aggiungerla alla padella con zucchine, radicchio, crema di zucchine e acqua di cottura.
9. Mantecare qualche minuto e impiattare.
10. Terminare con un filo d'olio a crudo.

# POLPETTE RICOTTA E ZUCCHINE

Dai 6 Mesi

## Ingredienti per 15 polpette

- 2 zucchine
- 200 gr ricotta
- 30 gr pangrattato
- 1 uovo
- farina di mais o pangrattato per la panatura

## Procedimento

1. Pulire e grattugiare le zucchine.
2. In una ciotola mettere la ricotta e schiacciare con una forchetta.
3. Aggiungere l'uovo e amalgamare.
4. Unire anche le zucchine grattugiate e il pangrattato. Mescolare fino ad ottenere un composto omogeneo.
5. Formare le polpette e passarle nel pangrattato o farina di mais.
6. Cuocere in forno a 180° per 25/30 minuti oppure in friggitrice ad aria a 180° per 20 minuti.
7. Servire le polpette di ricotta e zucchine accompagnando con qualche salsa (vedi finta maionese)

*per avere un pasto completo aggiungere un carboidrato

# CREMA DI PATATE, FINOCCHI E STRACCHINO

Dai 6 Mesi

**Ingredienti per 2 adulti e 1 bambino**

- 3 patate medie
- 2 finocchi
- 100 gr stracchino
- olio evo

**Procedimento**
1. Pulire e tagliare a pezzi sia le patate che i finocchi.
2. Cuocerli a vapore per circa 25/30 minuti.
3. Una volta terminata la cottura e risulteranno morbidi, utilizzare un passaverdure per ottenere una crema liscia ed omogenea (se dovesse risultare troppo densa aggiungere acqua/brodo fino alla consistenza desiderata).
4. Impiattare la crema di patate e finocchi e terminare il piatto con 1 cucchiaio di stracchino e 1 cucchiaino d'olio evo a crudo.

# PASTA CON PESTO DI BROCCOLI

Dai 6 Mesi

**Ingredienti per 2 adulti e 1 bambino**

- 200 gr pasta
- 1 broccolo
- 25 gr pinoli
- 30 ml olio evo
- 3 cucchiai parmigiano

**Procedimento**

1. Pulire il broccolo, dividerlo in cimette e cuocere a vapore per circa 15/20 minuti.
2. Intanto cuocere la pasta.
3. Mettere le cimette di broccolo in un mixer con tutti gli altri ingredienti e frullare fino ad ottenere una crema (se necessario aggiungere un po' d'acqua di cottura della pasta).
4. Scolare la pasta e condirla con il pesto di brocccoli.
5. Impiattare e terminare con un filo d'olio evo.

# POLPETTE DI RICOTTA

Dai 6 Mesi

## Ingredienti per 10 polpette

- 200 gr ricotta fresca
- 1 uovo
- 3/4 cucchiai pangrattato
- prezzemolo
- passata pomodoro

## Procedimento

1. Mettere la ricotta in una ciotola e schiacciarla con una forchetta.
2. Aggiungere l'uovo, il prezzemolo e mescolare.
3. Per rendere il composto più sodo aggiungere 3 o 4 cucchiai di pangrattato.
4. Intanto portare la passata di pomodoro sul fuoco.
5. Formare le polpette e tuffarle nel pomodoro.
6. Lasciar cuocere 15/20 minuti.

*per avere un pasto completo aggiungere un carboidrato e verdura.

# PASTA CON PESTO DI POMODORINI E OLIVE

Dai 6 Mesi

## Ingredienti per 2 adulti e 1 bambino

- 200 gr pasta
- 10 pomodorini
- 6/7 olive denocciolate
- 3/4 noci (o altra frutta secca)
- 1 robiola
- basilico
- olio evo

## Procedimento

1. Mettere i pomodorini, le olive, le noci, la robiola, il basilico e l'olio direttamente in un mixer e frullare fino ad ottenere un bel condimento.
2. Intanto cuocere la pasta.
3. Scolarla tenendo un po' di acqua di cottura.
4. Condire la pasta con il pesto di pomodorini e aggiungere un po' di acqua per renderla più cremosa.
5. Impiattare e terminare con un filo d'olio evo.

# PASTA AL FORNO CON RICOTTA

Dai 6 Mesi

## Ingredienti per 2 adulti e 1 bambino

- 200 gr pasta
- 100 gr ricotta fresca
- 300 ml passata pomodoro
- parmigiano
- basilico
- olio evo

## Procedimento

1. Preparare il sugo mettendo un po' di olio e un po' di acqua in un pentolino.
2. Aggiungere anche la passata di pomodoro e lasciar cuocere una decina di minuti.
3. Cuocere la pasta e scolare al dente.
4. Una volta pronto il sugo aggiungere il basilico a pezzetti e la ricotta.
5. Mescolare per amalgamare la ricotta.
6. Condire la pasta.
7. Metterla in una pirofila, aggiungere una spolverata di parmigiano in superficie e infornare a 180 gradi, modalità grill, per una decina di minuti.
8. Sfornare e lasciar intiepidire prima di servire.

*per avere un pasto completo aggiungere una verdura.

# RISOTTO SPINACI E PARMIGIANO

Dai 6 Mesi

## Ingredienti per 2 adulti e 1 bambino

- 210 gr riso
- 100 gr spinaci surgelati
- 35 gr parmigiano
- 1 lt brodo vegetale
- un pezzetto di cipolla
- olio evo

## Procedimento

1. In un ampia pentola mettere la cipolla tritata l'olio e un po' di acqua lasciar rosolare un paio di minuti.
2. Aggiungere anche gli spinaci e far cuocere una decina di minuti.
3. Una volta cotti mettere il tutto in un mixer e frullare.
4. Far tostare il riso un paio di minuti, nella stessa pentola degli spinaci.
5. Tostato il riso, rimettere in pentola gli spinaci frullati e mescolare.
6. Cuocere il risotto per il tempo riportato sulla confezione, aggiungendo un po' per volta il brodo, man mano che si assorbe.
7. A cottura ultimata aggiungere il parmigiano e mantecare.
8. Impiattare e aggiungere un'altra spolverata di formaggio.

# FOCACCINE STRACCHINO E ERBETTE

Dai 6 Mesi

## Ingredienti per 6/8 focaccine

- 200 gr farina 0
- 100 ml acqua
- 15 gr olio evo
- 5 gr sale (dai 12 mesi)
- stracchino
- 4/5 cubetti erbette surgelate

## Procedimento

1. Per prima cosa cuocere le erbette semplicemente in padella con un goccio di acqua per 15 minuti.
2. Per l'impasto mettere in una ciotola la farina.
3. Aggiungere acqua, olio evo e iniziare ad impastare.
4. Per ultimo aggiungere il sale e continuare ad impastare fino ad ottenere un panetto omogeneo.
5. Lasciar riposare l'impasto una ventina di minuti.
6. Dividerlo in 6/8 palline da stendere con il mattarello.
7. Mettere al centro di ogni focaccina il ripieno, in questo caso 1 cucchiaino di stracchino e un po' di erbette.
8. Portare i bordi dell'impasto verso il centro per chiudere la focaccina.
9. Cuocere in padella, con coperchio, 4/5 minuti per lato.
10. Lasciar intiepidire prima di mangiare.

# CROCCHETTE PASTINA E MELANZANE

Dai 6 Mesi

## Ingredienti per 12/15 pezzi

- 150 gr pastina
- 1 melanzana
- 3 cucchiai di robiola
- pangrattato
- aglio in polvere
- olio evo

## Procedimento

1. Pulire la melanzana, tagliarla a cubetti e cuocerla in padella con un po' di aglio in polvere e acqua, per 15 minuti.
2. Cuocere anche la pastina, una volta cotta metterla in una ciotola con un filo d'olio.
3. Lasciar raffreddare un po' prima di preparare le crocchette.
4. Aggiungere le melanzane alla pastina e mescolare.
5. Aggiungere anche la ricotta, 1 cucchiaio di pangrattato e amalgamare.
6. Formare le crocchette e passarle nel pangrattato.
7. Cuocere in forno a 180° per 20 minuti oppure in friggitrice ad aria a 180° per 10 minuti.

# PASTA CREMOSA AI CARCIOFI

Dai 6 Mesi

## Ingredienti per 2 adulti e 1 bambino

- 200 gr pasta
- 100 gr cuori carciofi
- 30 gr crescenza
- olio evo

## Procedimento

1. Cuocere i carciofi in padella con un filo d'olio e un po' di acqua per una ventina di minuti.
2. Intanto cuocere la pasta.
3. Una volta pronti i carciofi frullarli con la crescenza e qualche cucchiaio di acqua di cottura della pasta.
4. Condire la pasta con la crema di carciofi appena ottenuta, se necessario aggiungere un po' di acqua di cottura per renderla più cremosa.
5. Impiattare e aggiungere un filo d'olio evo a crudo.

# SFORMATINI DI BROCCOLI

Dai 6 Mesi

## Ingredienti per 5/7 pezzi

- 1 broccolo
- 100 gr ricotta
- pepe (facoltativo)
- olio evo

## Procedimento

1. Cuocere a vapore per circa 15 minuti il broccolo, diviso in cimette.
2. Una volta cotte schiacciarle con l'aiuto di una forchetta.
3. Unire la ricotta, il pepe e un filo d'olio e amalgamare fino ad ottenere un composto omogeneo.
4. Mettere il composto negli stampini (per esempio da muffin).
5. Cuocere in forno a 180 gradi per 30 minuti oppure in friggitrice ad aria a 180 gradi per 20 minuti.
6. Lasciar intiepidire qualche minuto prima di impiattare.

*per avere un pasto completo aggiungere un carboidrato.

# UOVA

# CARBONARA DI ASPARAGI

Dai 6 Mesi

## Ingredienti per 2 adulti e 1 bambino

- 200 gr pasta
- 200 gr asparagi
- 3 uova
- 1 cucchiaio parmigiano
- pepe (facoltativo)
- olio evo

## Procedimento

1. Per prima cosa pulire gli asparagi eliminando la parte più dura. Mettere gli scarti nell'acqua per la cottura della pasta (da eliminare prima di mettere la pasta) e portare a bollore.
2. Tagliare a pezzettini le punte di asparagi e metterli in una padella con un filo d'olio e un po' di acqua.
3. Cuocere per una decina di minuti.
4. Intanto mettere le uova in una ciotola con il parmigiano e il pepe e mescolare.
5. Scolare la pasta e metterla nella padella con gli asparagi.
6. Aggiungere anche le uova e lasciar cuocere per un paio di minuti, mescolando continuamente.
7. Impiattare e buon appetito.

# FRITTATA PATATE, ZUCCHINE E PORRI

Dai 6 Mesi

## Ingredienti per 2 adulti e 1 bambino

- 5 uova
- 3/4 patate
- 2 zucchine
- un pezzetto di cipolla
- pepe (facoltativo)
- olio evo

## Procedimento

1. Per prima cosa pulire patate e zucchine e tagliarle a cubetti non troppo grandi.
2. In una padella antiaderente aggiungere un filo d'olio, la cipolla tritata e un po' di acqua. Far insaporire un paio di minuti.
3. Aggiungere anche le zucchine e le patate e far cuocere per una decina di minuti.
4. Intanto sbattere le uova con il pepe.
5. Una volta pronte patate e zucchine mettere anche le uova in padella e lasciar cuocere, con coperchio, circa 5/6 minuti per lato.
6. Buonissima da mangiare sia calda che fredda.

# PASTA CON BROCCOLI E UOVA

Dai 6 Mesi

## Ingredienti per 2 adulti e 1 bambino

- 200 gr pasta
- 200 gr broccoli
- 3 uova
- olio evo

## Procedimento

1. Tagliare il broccolo a cimette e cuocere a vapore per una ventina di minuti.
2. Intanto fare le uova sode, cuocendole in acqua bollente per 8/9 minuti.
3. Una volta cotti i broccoli schiacciarli con una forchetta aggiungendo un po' di olio evo.
4. Cuocere la pasta in abbondante acqua bollente.
5. Le uova sode, appena cotte, passarle sotto l'acqua fredda, eliminare il guscio e aggiungerle ai broccoli, schiacciando anche queste con la forchetta.
6. Scolare la pasta, tenere da parte un mestolo di acqua di cottura e unire tutto al condimento di broccoli e uova. Mescolare fino ad amalgamare.
7. Impiattare e terminare con un cucchiaino d'olio evo.

# RISO BASMATI VERDURE E UOVA

Dai 6 Mesi

## Ingredienti per 2 adulti e 1 bambino

- 210 gr riso basmati
- 3 uova
- 50 gr piselli
- 1 carota
- 1 zucchina
- un pezzetto cipolla
- curcuma
- olio evo

## Procedimento

1. Tritare la cipolla, metterla in una padella con una filo d'olio e un po' d'acqua e lasciar insaporire un paio di minuti.
2. Intanto grattugiare carote e zucchine.
3. Aggiungerle, insieme ai piselli, nella padella con la cipolla e lasciar cuocere per circa 15 minuti. Verso fine cottura mettere anche la curcuma e mescolare.
4. In una ciotola sbattere le uova.
5. Cuocerle in un pentolino a parte con un filo d'olio in modo da farle strapazzate.
6. Cuocere il riso basmati, scolarlo e aggiungerlo nella padella delle verdure.
7. Aggiungere anche le uova strapazzate e impiattare.

# FRITTATA DI RISO E SPINACI

Dai 6 Mesi

**Ingredienti per 2 adulti e 1 bambino**

- 210 gr riso
- 5 uova
- 6 cubetti spinaci surgelati
- aglio
- pepe (facoltativo)
- olio evo

**Procedimento**

1. Cuocere gli spinaci in una padella con uno spicchio d'aglio e un filo d'olio evo.
2. Intanto cuocere il riso in abbondante acqua.
3. Sbattere le uova aggiungendo un pochino di pepe.
4. Aggiungere direttamente nelle uova il riso e gli spinaci (eliminando l'aglio).
5. Ungere una padella antiaderente con un filo d'olio e cuocere la frittata circa 5/6 minuti per lato.
6. Lasciar intiepidire leggermente prima di impiattare.

# UOVA STRAPAZZATE CON ZUCCHINE

Dai 6 Mesi

## Ingredienti per 2 adulti e 1 bambino

- 5 uova
- 2 patate
- 2 zucchine
- un pezzetto di cipolla
- pepe (facoltativo)
- olio evo

## Procedimento

1. Tritare la cipolla, metterla in una padella con una filo d'olio e un po' d'acqua e lasciar insaporire un paio di minuti.
2. Intanto grattugiare le patate e le zucchine.
3. Aggiungerle nella padella e cuocere per una quindicina di minuti.
4. Una volta cotte mettere le uova sbattute con un po' di pepe e mescolare continuamente fino ad ottenere le uova strapazzate.

# INSALATA PATATE, FAGIOLINI E UOVA

Dai 6 Mesi

## Ingredienti per 2 adulti e 1 bambino

- 4 uova
- 5 patate
- 150 gr fagiolini
- aglio
- olio evo

## Procedimento

1. Per prima cosa pulire e tagliare a cubetti le patate.
2. Pulire anche i fagiolini.
3. Cuocere a vapore per circa 20 minuti.
4. Intanto preparare le uova sode, mettendole in acqua e cuocendo per 8/9 minuti dal momento in cui bolle.
5. Una volta cotte passarle sotto l'acqua fredda.
6. Quando sia patate, fagiolini e uova saranno freddi è il momento di preparare l'insalata.
7. In una ciotola mettere le patate, i fagiolini tagliati a pezzetti e le uova, sgusciate e tagliate a spicchi.
8. Condire con aglio (io preferisco mettere quello in polvere) e olio evo.

# CROCCHETTE DI RISO E UOVA

Dai 6 Mesi

## Ingredienti per 10/12 crocchette

- 150 gr riso
- 2 uova
- 25 gr parmigiano
- pangrattato
- olio evo

## Procedimento

1. Cuocere il riso in abbondante acqua e lasciarlo raffreddare.
2. Una volta freddo aggiungere le uova, il parmigiano e mescolare fino ad amalgamare tutto.
3. Aggiungere 2/3 cucchiai di pangrattato fino ad ottenere un composto facilmente lavorabile.
4. Formare le crocchette e passarle nel pangrattato.
5. Spennellare con un po' d'olio evo la superficie.
6. Cuocere in forno a 180 gradi per 20 minuti oppure in friggitrice ad aria a 180 gradi per 15 minuti.

*per avere un pasto completo aggiungere una verdura.

# FRITTELLE Di CAROTE

Dai 6 Mesi

## Ingredienti per 10/12 frittelle

- 2 carote
- 2 uova
- 2 cucchiai di farina
- 2 cucchiai parmigiano
- scalogno
- olio evo

## Procedimento

1. Pulire e grattugiare le carote.
2. Metterle in una padella con un pezzetto di scalogno tritato e un filo d'olio evo.
3. Far cuocere una decina di minuti, dopodiché lasciar raffreddare.
4. Mettere le carote in una ciotola, aggiungere il parmigiano e la farina e mescolare.
5. Aggiungere anche le uova e amalgamare il tutto.
6. Far scaldare una padella antiaderente e ungerla leggermente con olio eliminando l'eccesso con un tovagliolo.
7. Cuocere le frittelle 3/4 minuti per lato.

*per avere un pasto completo aggiungere un carboidrato.

# EGG MUFFIN ALLA ZUCCA

Dai 6 Mesi

## Ingredienti per 10/12 muffin

- 4 uova
- 80 gr pasta (tipo risoni)
- 150 gr zucca
- mezzo bicchiere latte
- scalogno
- pepe (facoltativo)

## Procedimento

1. Tritare un pezzetto di cipolla e metterlo in un padella.
2. Grattugiare la zucca e aggiungerla nella padella con lo scalogno.
3. Lasciar cuocere una decina di minuti.
4. Intanto cuocere la pasta e scolare al dente.
5. In una ciotola sbattere le uova con il pepe.
6. Aggiungere la zucca e la pasta cotta, mescolare.
7. Mettere il composto nei pirottini per muffin.
8. Cuocere in forno a 180 gradi per 20 minuti oppure in friggitrice ad aria a 180 gradi per 10/15 minuti.

# MERENDA

# PANCAKES ALLO YOGURT

Dai 6 Mesi

## Ingredienti per 6/7 pezzi

- 1 vasetto yogurt bianco intero
- 60 gr farina
- 1 uovo
- 1 cucchiaino lievito per dolci

## Procedimento

1. In una ciotola mettere lo yogurt, l'uovo e mescolare per bene con una frusta.
2. Aggiungere un po' per volta la farina sempre mescolando con una frusta per evitare grumi.
3. Infine aggiungere il cucchiaino di lievito.
4. Scaldare per bene una padella antiaderente.
5. Mettere un mestolino d'impasto e far cuocere circa 3/4 minuti per lato (quando si formeranno delle bollicine in superficie è ora di girarli)
6. Impiattare e guarnire a piacere, ad esempio, con marmellate, creme di frutta secca, frutta...

# TORTA DI MELE

Dai 6 Mesi

## Ingredienti stampo da 26 cm

- 200 gr farina 00
- 2 uova
- 1 vasetto yogurt bianco
- 50 gr latte
- 50 gr olio semi
- 1 bustina lievito per dolci
- 2 mele + 1 per decorazione
- 1 banana
- cannella (facoltativa)

## Procedimento

1. In una ciotola, con una frusta elettrica, montare le uova fino a renderle chiare e spumose.
2. Aggiungere lo yogurt, il latte, l'olio e mescolare sempre con le fruste elettriche.
3. Schiacciare una banana fino ad ottenere una purea e aggiungerla agli altri ingredienti.
4. Setacciare la farina e il lievito e aggiungerli fino ad ottenere un composto omogeneo.
5. Grattugiare le mele direttamente nel composto e mescolare.
6. Mettere il tutto in uno stampo da 26 cm, decorare la superficie con delle fettine di mela e spolverare con una po' di cannella.
7. Infornare a 180° per 40/45 minuti

# PLUMCAKE ALLA PERA

Dai 6 Mesi

## Ingredienti

- 300 gr farina 00
- 1 vasetto di yogurt bianco
- 100 ml olio semi
- 3 uova
- 1 bustina lievito per dolci
- 1 pera

## Procedimento

1. Sbucciare e la pera, tagliarla a pezzetti e frullarla insieme allo yogurt.
2. Montare le uova con una frusta elettrica fino ad avere un composto chiaro e spumoso.
3. Aggiungere yogurt e pera e l'olio, continuando a lavorare con le fruste.
4. Incorporare la farina e il lievito, setacciati, un po' per volta.
5. Imburrare e infarinare uno stampo da plumcake.
6. Versare l'impasto nello stampo.
7. Cuocere in forno statico a 180 gradi per 40/45 minuti.

# TORTINE ALLE CAROTE

Dai 6 Mesi

**Ingredienti per 12/15 tortine**

- 300 gr farina 00
- 100 gr farina mandorle
- 2 uova
- 100 gr olio semi
- 200 gr carote
- succo 1 arancia + scorza
- 1 bustina lievito per dolci
- aroma vaniglia

**Procedimento**

1. Per prima cosa pulire e pelare le carote.
2. Tritarle finemente con un mixer/frullatore.
3. Intanto in una ciotola mettere le uova e montare con le fruste elettriche per qualche minuto.
4. Aggiungere l'olio di semi continuando a mescolare con le fruste.
5. Ora aggiungere le carote, il succo di un arancia, la scorza e l'aroma alla vaniglia. Mescolare.
6. Per ultimo inserire gli ingredienti secchi, ossia farina 00, farina di mandorle e la bustina di lievito, mescolare con le fruste fino ad ottenere un composto omogeneo.
7. Trasferire l'impasto negli stampi per muffin, riempendo poco più di metà.
8. Infornare a 180 gradi per 20 minuti, forno statico.

# MUFFIN RICOTTA E MELE

Dai 6 Mesi

## Ingredienti per 6/7 pezzi

- 180 gr farina 00
- mezza banana
- 90 gr ricotta fresca
- 1 mela
- 150 gr latte (vaccino o vegetale)
- 30 ml olio semi
- mezza bustina lievito per dolci

## Procedimento

1. Sbucciare la mela, tagliarla a pezzetti e frullarla insieme al latte.
2. In una ciotola mettere la ricotta e la banana e schiacciarle per bene insieme.
3. Aggiungere anche mela e latte frullati, l'olio di semi e mescolare con una frusta a mano.
4. Infine aggiungere la farina, il lievito setacciato e amalgamare per bene.
5. Mettere nei pirottini per muffin e infornare a 180 gradi per 20/25 minuti, forno statico.

*sopra i 2 anni si possono aggiungere 2 cucchiai di zucchero nell'impasto e per, renderli ancora più gustosi, gocce di cioccolato

# BISCOTTI AGLI ARACHIDI

Dai 6 Mesi

## Ingredienti per 15 biscotti

- 120 gr farina 00
- 70 gr ricotta
- 25 ml olio semi
- 1 cucchiaio crema d'arachidi
- 1 cucchiaino lievito per dolci

## Procedimento

1. In una ciotola mettere la ricotta e mescolare con una frusta per renderla più cremosa.
2. Aggiungere la crema d'arachidi, l'olio di semi e amalgamare.
3. Ora unire la farina e il lievito e impastare fino ad ottenere un panetto omogeneo.
4. Con una mattarello stendere l'impasto ad uno spessore di mezzo centimetro circa e con un tagliabiscotti dare forma ai biscottini.
5. Infornare a 180 gradi per 15 minuti.

# PANCAKES ALLA ZUCCA

Dai 6 Mesi

## Ingredienti per 6/7 pezzi

- 70 gr zucca
- 70 gr farina
- 50 ml latte
- 1 uovo
- 1 cucchiaino lievito per dolci

## Procedimento

1. Tagliare la zucca a cubetti e cuocerla a vapore per 15 minuti.
2. Una volta cotta metterla in una ciotola schiacciarla con una forchetta.
3. Aggiungere anche l'uovo e mescolare con una frusta.
4. Mettere anche il latte e mescolare.
5. Ora aggiungere la farina un po' per volta, mescolando energicamente con la frusta per evitare che si formino grumi.
6. Scaldare una padella antiaderente e cuocere i pancakes 2/3 minuti per lato.
7. Impiattare e guarnire a piacere.

# CIAMBELLINE ARANCIA E COCCO

Dai 6 Mesi

## Ingredienti per 10/12 pezzi

- 150 gr farina 00
- 50 gr amido mais
- 1 uovo
- 1/2 vasetto yogurt
- 50 gr cocco rapè
- 100 ml succo arancia
- 60 ml olio semi
- 1 bustina lievito

## Procedimento

1. In una ciotola, con una frusta elettrica, lavorare l'uovo per qualche minuto.
2. Aggiungere lo yogurt, il succo, l'olio e mescolare sempre con le fruste elettriche.
3. Setacciare la farina, l'amido e il lievito e aggiungerli fino ad ottenere un composto omogeneo.
4. Infine aggiungere il cocco grattugiato e mescolare.
5. Riempire lo stampo per ciambelline.
6. Cuocere in forno statico a 180° per 20 minuti.

# CREPES

Dai 6 Mesi

## Ingredienti per 8/10 crepes

- 1 bicchiere di latte
- 1 bicchiere di farina 00

## Procedimento

1. Ricetta semplicissima, basta unire i due ingredienti a mano con una frusta mescolando energicamente per evitare grumi, oppure mettendo latte e farina in un frullatore fino ad ottenere una pastella omogenea.
2. Scaldare una padella antiaderente e mettere un mestolo di pastella.
3. Roteare la padella per distribuire uniformemente la pastella su tutta la superficie.
4. lasciar cuocere 2/3 minuti e girarla con una spatola.
5. Lasciar cuocere un altro minuto.
6. Impiattare e guarnire a piacere.

# WAFFLE MELE E CANNELLA

Dai 6 Mesi

**Ingredienti per 10 pezzi**

- 180 gr farina
- 1 mela
- 30 ml olio di semi
- 1 uovo
- 1 cucchiaino lievito per dolci
- cannella a piacimento

**Procedimento**

1. Pulire, tagliare la mela a pezzi e frullarla.
2. In una ciotola mettere l'uovo, l'olio e la mela frullata e mescolare.
3. Aggiungere anche la farina, il lievito, la cannella e mescolare con una frusta per evitare la formazione di grumi.
4. Cuocere in una piastra per waffle oppure con questo stesso impasto si possono fare dei pancakes, cuocendoli 3/4 minuti per lato.
5. Impiattare e guarnire a piacere.

# RICETTE VARIE

# PESTO DI BASILICO

Dai 6 Mesi

## Ingredienti per 2 adulti e 1 bambino

- 50 gr basilico
- 50 gr olio evo
- 25 gr pinoli
- 15 gr parmigiano
- aglio in polvere

## Procedimento

1. Mettere tutti gli ingredienti in un mortaio o in un tritatutto.
2. Usando il tritatutto frullare gli ingredienti non in modo continuo (ad intervalli di 3/4 secondi) per evitare di scaldare le lame che possono ossidare il basilico.
3. Condire la pasta senza portare il basilico sulla fiamma.

# PiZZETTE ALLO YOGURT

Dai 6 Mesi

## Ingredienti per 10/15 pizzette

- 120 gr farina 0
- 100 gr yogurt bianco
- 10 gr olio evo
- 1/2 bustina lievito per preparazioni salate

## Procedimento

1. Mettere tutti gli ingredienti in una ciotola e impastare per bene fino ad ottenere un panetto omogeneo.
2. Lasciar riposare il panetto per una decina di minuti.
3. Dividere l'impasto in circa 10 palline e stenderle per formare le pizzette.
4. Condire a piacere, io solitamente le faccio con pomodoro e origano.
5. Cuocere in forno a 180 gradi per 15 minuti oppure in friggitrice ad aria a 180 gradi per 10 minuti.

# PURÈ PATATE E CAVOLFIORE

Dai 6 Mesi

## Ingredienti per 2 adulti e 1 bambino

- 4 patate
- 150 gr cavolfiore
- 150 ml brodo vegetale
- noce moscata
- olio evo

## Procedimento

1. Tagliare patate e cavolfiore a pezzetti e cuocere a vapore per una ventina di minuti.
2. Frullare patate e cavolfiore con un mixer fino ad ottenere un composto omogeneo.
3. Metterli in una casseruola e aggiungere un po' per volta il brodo, mescolando con una frusta, fino ad ottenere la consistenza desiderata.
4. Aggiungere anche un po' di noce moscata e mescolare.
5. Impiattare e terminare con un filo d'olio.

# VELLUTATA DI BROCCOLI

Dai 6 Mesi

## Ingredienti per 2 adulti e 1 bambino

- 3 patate
- 300 gr broccoli
- mezzo cipollotto
- brodo vegetale o acqua
- olio evo

## Procedimento

1. In una pentola mettere i broccoli, le patate e il cipollotto tagliati a pezzi.
2. Ricoprire completamente con brodo vegetale o acqua e lasciar cuocere per circa 25 minuti.
3. Frullare il tutto fino ad ottenere la vellutata (se dovesse risultare ancora liquida, rimettere sul fuoco per far addensare)
4. Impiattare e terminare con un filo d'olio evo a crudo.

*per avere un pasto completo aggiungere una proteina.

# FINTA MAIONESE

**Ingredienti**
- 100 ml olio semi
- 50 ml latte
- 1 cucchiaio di aceto
- 1 pizzico di sale

**Procedimento**
1. Mettere tutti gli ingredienti in un contenitore stretto e alto e emulsionare il tutto con un minipimer fino ad ottenere la consistenza desiderata. Basteranno una decina di secondi

# SALSA ALLO YOGURT

**Ingredienti**
- mezzo vasetto yogurt bianco
- 1 cucchiaio olio evo
- 1 cucchiaio succo limone

**Procedimento**
1. In una ciotolina mischiare insieme tutti gli ingredienti. Per avere una consistenza più densa lasciare in frigo per un mezz'oretta.

# HUMMUS CECI E AVOCADO

Dai 6 Mesi

## Ingredienti

- 120 gr ceci cotti
- mezzo avocado
- 1 cucchiaio succo limone
- 1 cucchiaio olio evo
- acqua q.b.
- aglio in polvere

## Procedimento

1. Per prima cosa eliminare la buccia ai ceci. Una volta cotti verrà via molto facilmente.
2. Frullare tutti gli ingredienti con un minipimer aggiungendo un po' per volta l'acqua fino ad ottenere la consistenza desiderata.
3. L'hummus è pronto, perfetto per farcire, per esempio, una piadina.

# FOCACCINE ALLA ZUCCA

Dai 6 Mesi

## Ingredienti per 10/12 pezzi

- 250 gr farina 0
- 250 gr zucca
- 2 cucchiai parmigiano
- 1/2 bust. lievito per preparazioni salate

## Procedimento

1. Pulire la zucca, tagliarla a pezzetti e cuocere a vapore per una ventina di minuti.
2. Una volta pronta metterla in una ciotola e schiacciarla con una forchetta.
3. Aggiungere il parmigiano e mescolare.
4. Un po' per volta aggiungere anche la farina, unita al lievito, ed iniziare ad impastare fino ad ottenere un panetto omogeneo.
5. Stendere l'impasto ad uno spessore di circa 1 cm e con un coppapasta o un bicchiere ricavare le focaccine.
6. Scaldare una padella antiaderente e cuocere le focaccine, con coperchio, circa 5/6 minuti per lato.
7. Farcire a piacere.

# PASTA E PATATE

Dai 6 Mesi

## Ingredienti per 2 adulti e 1 bambino

- 200 gr pasta
- 2 patate
- mezza cipolla piccola
- 1 cucchiaio concentrato pomodoro
- olio evo

## Procedimento

1. Tritare la cipolla, metterla in una pentola con un filo d'olio e un po' di acqua e lasciar insaporire un paio di minuti.
2. Intanto tagliare a cubetti le patate.
3. Aggiungerle nella pentola con la cipolla insieme al concentrato di pomodoro. Mescolare.
4. Ricoprire completamente con acqua o brodo.
5. Lasciar cuocere per circa 20 minuti.
6. Schiacciare leggermente le patate, aggiungere la pasta direttamente nella pentola e portare a cottura seguendo i tempi riportati sulla confezione (se necessario, aggiungere altra acqua o brodo caldi).
7. Impiattare e terminare il piatto con una spolverata di parmigiano.

# PiADiNE VELOCi

Dai 6 Mesi

## Ingredienti per 4/5 piadine

- 250 gr farina 0
- 125 gr acqua frizzante
- 2 cucchiai latte
- 1 cucchiaio olio evo
- 1 cucchiaino sale (sopra i 12 mesi)

## Procedimento

1. Mettere tutti gli ingredienti in una ciotola lasciando per ultima l'acqua.
2. Impastare fino ad ottenere un panetto liscio e omogeneo.
3. Dividere l'impasto in 4/5 parti e formare delle palline.
4. Stendere ogni pallina in modo sottile, se necessario aiutandosi con un po' di farina per non farle attaccare al piano di lavoro.
5. Scaldare una padella e cuocere le piadine un paio di minuti per lato.
6. Farcire a piacere.

# TIGELLE ALLO YOGURT

Dai 6 Mesi

## Ingredienti per 10/15 pizzette

- 200 gr farina 0
- 100 gr yogurt bianco
- 20 ml acqua
- 1 cucchiaino sale
- 1/2 bustina lievito per preparazioni salate

## Procedimento

1. In una ciotola mettere farina, yogurt, lievito e sale.
2. Impastare e un po' per volta aggiungere anche l'acqua fino ad ottenere un panetto omogeneo.
3. Lasciar riposare una mezz'oretta.
4. Stendere il panetto ad uno spessore di circa 1 cm e formare le tigelle con un coppapasta o un bicchiere.
5. Scaldare una padella antiaderente.
6. Cuocere le tigelle 3/4 minuti per lato.
7. Una volta pronte farcire a piacere.

# FRITTELLE DI PATATE

Dai 6 Mesi

## Ingredienti per 10/15 frittelle

- 500 gr patate
- 15 gr fecola patate
- 1 uovo
- olio evo

## Procedimento

1. Sbucciare e grattugiare le patate.
2. Metterle in un canovaccio e strizzare per eliminare l'eccesso di acqua.
3. Mettere in una ciotola, aggiungere l'uovo e la fecola di patate e amalgamare.
4. Dare la forma alle frittelle compattandole per bene.
5. Scaldare una padella antiaderente con un filo d'olio e cuocere le frittelle, chiudendo con un coperchio, per una decina di minuti per lato.

# STICK DI ZUCCHINE

Dai 6 Mesi

## Ingredienti

- 3 zucchine
- 2 uova
- 2 cucchiai parmigiano
- paprika
- pangrattato
- olio evo

## Procedimento

1. Tagliare le zucchine in stick, grandezza dito mignolo.
2. In una ciotola sbattere le uova unendo anche la paprika.
3. In un piattino invece unire pangrattato e parmigiano.
4. Passare le zucchine prima nelle uova e poi nel pangrattato.
5. Adagiarle su una teglia o nel cestello della friggitrice ad aria e spennellare con un po' d'olio.
6. Cuocere in forno a 180 gradi per 25 minuti oppure in friggitrice ad aria a 180 gradi per 15 minuti.

# GRAZIE

Per vedere tante ricette adatte in svezzamento e per tutta la famiglia seguimi su:

Instagram **baby.ricette.di.anna**

Facebook **BabyRicette**

Youtube **BabyRicettediAnna**

Tiktok **babyricette**

Printed in Dunstable, United Kingdom